出版弁言

《觀堂遺墨》者，係王國維自沉後陳乃乾輯印之手跡，其來源爲南陵徐乃昌，嘉興沈增植，烏程蔣汝藻，仁和姚虞琴，益以乃乾自藏，釐爲兩卷，上卷爲考證題跋之作，下卷則書信尺牘之屬。學者手稿，最堪珍視，況靜安先生一代學術巨人，其所遺留，更足以寶愛，今照舊貌影印，以饗讀者。

王忠慤公遺墨

朱孝臧

王忠愨公遺墨

朱孝臧

觀堂遺墨目錄

卷上

明鈔北磵集跋　烏程蔣氏藏
元刊雜劇三十種叙錄　海寧陳氏藏
敬業堂文集書後　仁和姚氏藏
朱文恪删定冊立光宗儀注稿跋　烏程蔣氏藏
四先生會合詩卷跋　烏程蔣氏藏
拜經覽古圖跋　烏程蔣氏藏
題隨庵勘書圖　南陵徐氏藏
沈乙庵尚書七十壽言　嘉興沈氏藏
樂庵居士五十壽序　烏程蔣氏藏
張母桂太夫人真贊　烏程張氏藏
宋茗香助教簪花詞　仁和姚氏藏

卷下

致蔣孟蘋札四十六通　烏程蔣氏藏
致徐積餘札八通　南陵徐氏藏
致蔣穀孫札二十五通　烏程蔣氏藏
致陳乃乾札十通　海寧陳氏藏

觀堂王先生之卒也乃乾羈跡南中不獲詳其致死之由傳聞異詞蓋至於今而未能釋然也夫先生以身命

殉遜清實無補已亡之社稷而中國學術之有待於先生者乃無涯涘孰重孰輕先生辨之審矣然先生不死於光復不死於復辟竟死於燕都承平之日博亡朝忠慤之封真先生之不幸亦吾國文化之大厄也海內外學者平日以先生為指歸一旦失所憑依莫不隕涕北方友生既輯其遺書為四集日本博文堂亦印行其遺墨竊念先生寓滬久滬上同人得其手蹟最多題跋考證之作頗有為遺書所未採及者因隨時段印凡得若干種輯為兩卷既傷先生之學程中輟又慨後學之親炙無由則凡所遺留彌足寶愛已 民國十九年十二月

陳乃乾

觀堂遺墨

卷之上

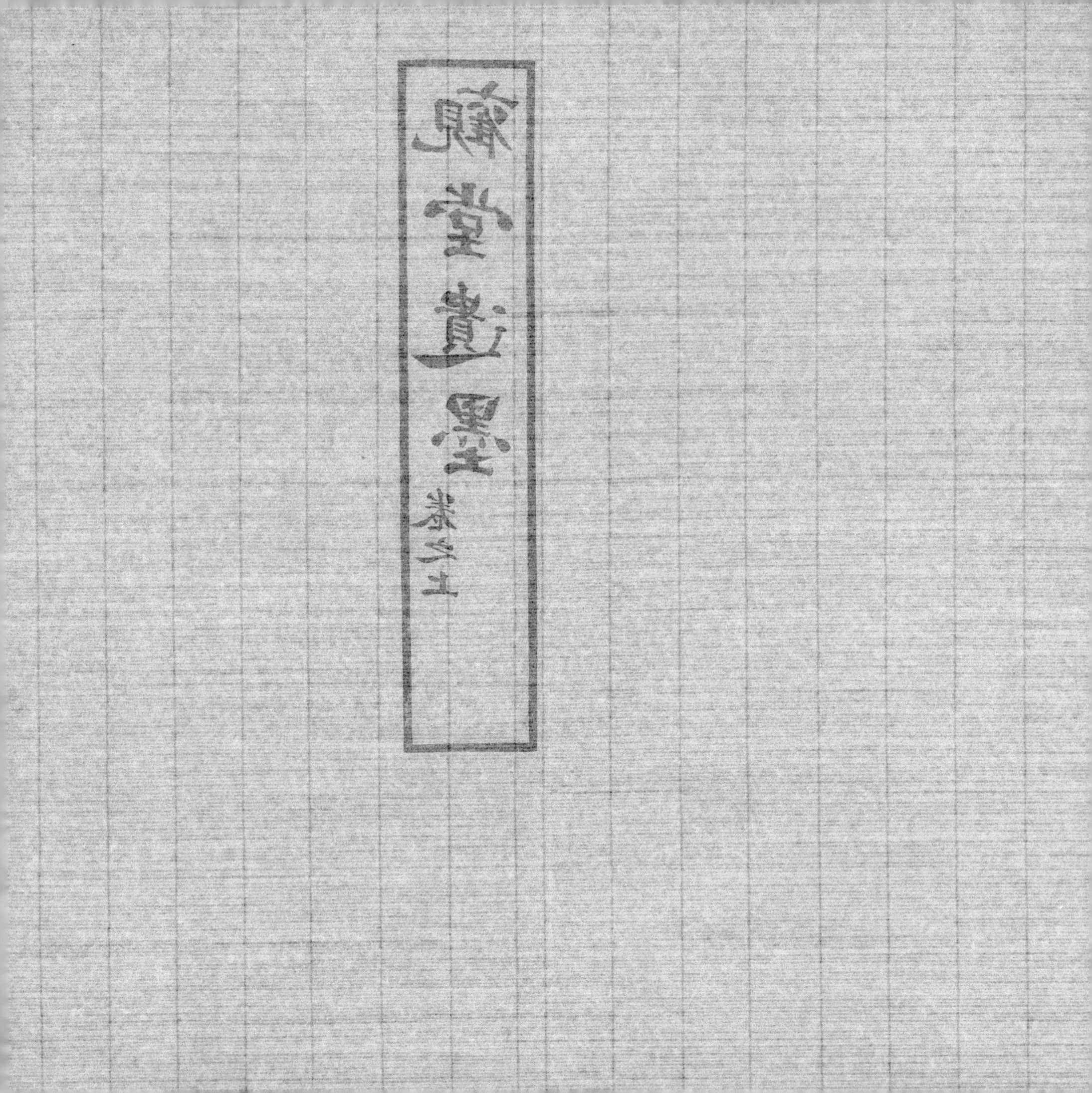

甲骨文字出於安陽之小屯福山王文敏公首得之文敏殉國悉歸丹徒劉鐵雲
觀察鶚鐵雲又續有所得選其精者印行為鐵雲藏龜一書嗣後安陽所出多
歸上虞羅叔言參事參事所藏凡二三萬片印於殷虛書契前後編者皆其選
也顧甲骨閱時既久其質頗脆非如吉金樂石可把玩摩挲者余於劉
羅二君皆至稔然於其所藏除藏龜書契二書所載及羅氏選拓數十冊外
固未能盡覽焉丙辰丁巳間鐵雲所藏一部歸於英人哈同氏余為編次考釋
之始知鐵雲所藏之佳者藏龜一書固未能盡之又鄞縣馬君叔平贈余以
京師大學及其所藏甲骨拓本千餘片其中文字頗有出於藏龜書契二書外
者益知殷虛遺物片骨隻字皆足資考證而劉羅二家選印之舉蓋出於不
得已也庚申秋日　積餘先生復出所藏甲骨拓本見示其中小半參事已選印
入殷虛書契後編其中文字異體及卜辭之可補資考證而為參事所遺者亦
尚有之此研究古文字及制度者所不可不肄業及之也且甲骨一經摹拓便有損
壞　先生此拓其與寶物同寶之七月廿七日海甯王國維

私家藏器莫先於宋劉仲原父其著書自錄其所藏者亦自原父始原父知永興軍日得古器十有一使工摹其文圖其象刻諸石名之曰先秦古器記其序中弁言攻究古器之法曰禮家明其制度小學正其文字譜牒次其世謚迺為能盡之嗚呼古器之學略盡於此數語者錄古器之法亦蔑以進於此矣李伯時呂與叔師之乃有考古圖之作王黼等撰宣和博古圖錄亦用其法第伯時與叔兼收諸家所藏而博古圖則專錄宣和一殿之器其書尤與原父為近焉近三百年郡國山川所出古器殆十倍於宋時乾隆間 高宗旣出天府之藏命廷臣傚宣和圖錄撰西清古鑑甯壽鑑古諸書而私家藏器者亦接武而起其自為譜錄有成書者則有若嘉定錢氏之十六長樂堂款識吳縣曹氏之懷米山房吉金圖諸城劉氏之長安獲古編歸安吳氏之兩罍軒彝器圖釋吳縣潘氏之攀古樓彝器款識溧陽端氏之陶齋吉金錄最近則有上虞羅氏之夢郼草堂吉金圖

前後共得七家皆用原父書例其所錄者率倍蓰或什佰於原父駸〻欲與宣和圖錄競矣然此諸家所著錄者曾不能得古器之半嘉道以還如儀徵之阮嘉興之張錢唐之瞿仁和之夏所蓄古器皆足與錢曹二氏埒而歙縣之程漢陽之葉抑又過之咸同以後則北之陳吳盛王三李二丁南之吳費所蓄乃愈精且富而皆無譜錄潘文勤之書成於中年晚歲所得幾增十之七八均未入錄其流傳人間者僅賴拓墨及著錄文字之書而其形制率不可得而見余曩者頗疑今估人所謂虎頭匜者即古之兕觥而阮文達書所記兕觥乃角斝之屬此觥今尚在濰縣陳氏然終無由目驗以徵余說則信乎圖錄之不可不作也南陵徐積餘觀察博雅有鑒裁多蓄金石書籍而所藏三古彝器尤精戊午冬出所撰隨菴吉金圖屬余為序余謂天水一代著錄之器數至四五百而今之存者僅逮百一獨考古博古二圖具存全帙然則竹帛之壽固有永於金石者觀察所蓄其

富雖不逮潘陳二家然視盛王三李二丁固無以讓今諸家皆無成書而觀察獨能摹其形制文字以餉後世其於傳古之功正不知與潘陳孰為優劣也抑古器之作距今率二三千年文物屢變典籍俄空原父所云制度文字世謚三者雖經數百年數十人之攻究所通者亦僅得什六七古器之名昏定於宋人然在今日尚有遇物而不能名或有名而未盡確者至文字世謚二者尤為糾紛自王薛以至阮吳諸說可信者十不逮四五蓋一人之學識有限而方來之心思耳目無窮今日所能為者在使古器之文字形制長留於天地間使天下後世咸得而攻究焉善於考古者蓋莫踰於此〻即原父作先秦古器記之意而余於觀察之書歎其深有契乎此也故略述私家藏器及著錄之源流以序斯書儻有聞觀察之風而興起乎則觀察傳古之功又不僅在斯書而已海甯王國維者

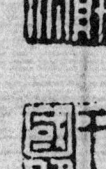

浭陽端忠敏公藏古玉刀一長漢建初尺二尺八寸強其上塗朱赤色爛然忠敏謂即周之赤刀忠敏殉國後此刀流出滬肆　積餘先生得其拓本屬余題記余讀其銘有王在豐命大保相南口等語知確為周初法物因思忠敏之言頗有理致案書顧命越玉五重陳寶赤刀大訓弘璧琬琰在西序大玉夷玉天球河圖在東序僞孔傳以弘璧琬琰為二重大玉夷玉天球為三重合為五重正義所引鄭注略同然以一玉為一重与經不合以琬琰為一玉尤非余謂經越玉五重總目下文西序之陳寶赤刀大訓東序之河圖皆玉也史記封禪書秦文公獲若石云於陳倉北坂城祠之命曰陳寶蓋緣周時寶玉有名陳寶者故以名所獲石否則當時說顧命者蓋如此讀若如僞孔作陳先王寶器解則經文陳寶二字當在越玉五重之上不當在其下矣由此推之則大訓河圖當是玉刻河圖或是玉上自然之文至赤刀之為玉可以此刀證之然則五重者陳寶赤刀為一重大訓弘璧為二重琬琰為三重皆在西序大玉夷玉為四重天球河圖為五重皆在東序如此讀經文則了無窒碍雖此刀未必即顧命時所陳設而顧命赤刀之為玉刀則可由是知之矣因憶忠敏之言輒申其說如此

庚申春日海甯王國維書

此鼎言王啻用牡于太室啻邵王諸不可解疑啻即禘之借字邵王即
昭王也頌鼎周康昭宮作邵宮宗周鐘昭格作邵格啻邵王者猶春秋言
吉禘于莊公左氏傳言禘于僖公耳 壬戌小除夕國維

酒器中罍最大尊則有大有小卣常在大小之間故尒雅云卣中尊也卣字盂鼎作□他器或作□或作□說文卣𠧪分為二其𠧪字注云从卣乃聲 戩殷虛卜辭卣作□其辭云鬯五□則知□从□作者乃从□之省□即古文皿字說文以為从乃失之矣據卜辭□字觀之其字蓋从皿卣聲或竟是象形字□象器形□或□其承槃耳

隨庵先生屬題此卣拓本因書以質之

壬戌冬十二月歲除海甯王國維

觀堂

銘中首一字从攴从象不可識古文為字亦从爪象其誼均不易曉
古者中國產象殷虛所出象骨頗多曩頗疑其來自南方然卜辭
中有獲象之文田狩所獲決非豢養物矣孟子謂周公驅虎豹犀
象而遠之呂氏春秋云殷人服象為虐於東夷則象固中國固有
之春秋以後乃不復見故楚語云巴浦之犀犛兕象蓋中原已無此物矣
爲从爪象或以服象為誼[illegible]字或亦以攴象為誼與 國維

齊侯二壺字極草率頗有不可識之字又以二壺相校文多衍脫然為一時所作固不待言晉江陳頌南跋此乃謂一為饗禮所用一為食禮所用滿紙寱語令人無從索解道光以後學術漸微士大夫乃不憚為欺人之語此士風之變非細故也己未正月為

積餘先生題

海甯王國維

此器天字作天与殷虛卜文同與他器作天或天者不同古文本多異體因之於六書所屬亦異如說文天从一大此會意字也盂鼎及䣄敦作天象人之顛說文天顛也引申之則鑿顛之刑亦謂之天易睽六三其人天且劓馬云刻鑿其額曰天是也此象形字也此於天上加一横凡古指事字皆以一記之天本象人形加一於人形之首所以指示所象者在此也此字若以居人顛之上言則義為天地之天若以居人體之上言則又為顛頂之天皆為指事字古字因其作法不同而於六書所屬異因之其本義亦異可知字之本義不獨不能由說文知之并不能遽從古文定之矣己未正月

隨庵先生出此拓屬題因記所見　海甯王國維

此角盉作獸形其獸有鼻甚長盉象
也古酒器多作鳥獸形如觥作兕形尊
作犧象形卣作饕餮形皆是浭陽端
氏有飛燕角作燕張翅之狀阮文達
公所藏子燮兕觥其器今在濰縣陳
氏不可得見然文達謂其物如爵而
高大又謂其制無雙柱無流同於角
有三足同於爵故以毛傳釋角爵之
兕觥當之不知兕觥即估人所謂虎
頭匜阮氏之器則宋以後所謂角也
阮氏角盉作犧形此角盉作象形盉
古酒器多狀犧象不獨尊制然矣
壬戌歲不盡四日海甯王國維

審諦拓本盉上獸首之突出者不類鼻形
疑即牛角之一拓本無全拓兩角之理則
此亦犧首角與阮氏所謂兕觥正同此器
不知藏誰氏

隨庵先生能就原器審諦辨其為犧
為象著之此跋之後則於考古學上
不為無補也次日國維又書

此即端氏所藏飛燕角也曩在丹徒劉氏抱
殘守缺齋見之其器蓋作燕張兩翅形甚似
器則前低後昂聯觀之乃不覺有軒輊之狀
古人制作之工乃至於此前題此拓乃誤以盉首
之飾為象牙為牛角視之不明是為不悲惶
媿〻〻癸亥仲春八日國維又記

十八秊齊起卿夫=眾來聘
冬十二月乙酉大良造鞅爰
積十六尊五分尊一為升

此器作於秦孝公十八年即周顯王二十五年下距始皇并六國之年有百
二十餘歲而刻文三十四無一不与小篆同則秦行小篆之日久矣詛楚文刻於
秦昭王時凡三百廿餘字亦十九与小篆同余謂小篆本出大篆秦并天下以前實
用大篆至李斯作倉頡小有省改乃有小篆之名而呼前此所行者為大篆大小
二篆本一家眷屬而東方諸國所用文字則別為一系說文所謂古文者東方文字也
所謂籀文者秦未并天下時文字也說詳余古史籀篇疏證序　隨庵先生出此拓屬
題因舉其略癸亥四月初八日海甯王國維

右秦公敦藏皖中張氏器蓋俱全銘辭分刻器蓋語相銜接与編鐘之銘分刻數鐘者同寶自來吉金中所罕見其辭亦与宋劉原父所藏秦盄和鐘大半相同蓋一時所鑄字跡雅近石鼓文考鐘銘及敦銘均有十有二公語歐趙以下說者各異要在德公遷雍以後雍西去陳倉不遠則与石鼓文字體勢相同固其所也此敦器蓋又各有秦漢間鑿字各一行器云西元器一斗七升八奉敦蓋云西一斗七升大半升蓋西者漢隴西縣在今秦州東南一百二十里而史記秦本紀之西垂及西犬丘乃文公以前秦之故都秦自非子至文公陵廟皆在西垂此敦之作蓋以奉西垂陵廟至秦漢間猶為用器故復刻字其上猶齊國差甔有大官七斗一鈞三斤八字皆秦漢猶以三代物為用器之證其云奉敦者謂奉宗廟之敦蓋猶秦時所鑿歟矣癸亥仲春

隨庵先生出此拓屬題因節錄舊跋並請　正之海甯王國維

此魏毋丘儉紀功刻石殘字光緒三十二年署奉天輯安縣事吳君光國於縣西北九十
里板石嶺開道得之石為吳君所藏今不知在何處
案魏志毋丘儉傳正始中儉以高句麗數侵叛督諸軍步騎萬人出玄菟從諸道討之
句驪王宮將步騎二萬人進軍沸流水上大戰梁口（梁音渴）宮連破走遂束馬縣車以登丸
都屠句驪所都斬獲首虜以千數宮將妻子逃竄儉引軍還六年復征之宮遂奔買溝
儉遣玄菟（太守）王頎追之過沃沮千有餘里至肅慎氏南界刻石紀功刊丸都之山銘不耐之城
云云事與此刻合曩見吳君跋謂板石嶺高六百餘丈不通車馬疑即魏志之完都山案
儉兵出玄菟魏之玄菟郡治近今之鐵嶺其所戰之梁口當即漢志之大梁水自此而南
即至今輯安境吳君以此為丸都之銘其說是也
此殘刻不見毋丘儉名第四行云討寇將軍魏烏丸單于□者即右北平烏丸單于寇婁
敦事亦見儉傳第五行威寇將軍都亭侯不知何人第六行行裨將軍領率下所闕當
是善字或眾字率善率眾皆當時屬國渠率之稱題名有烏丸單于（等）是儉征句驪
亦用烏丸之眾也此刻出土十餘年世罕知者日本內藤博士（虎）以此本貽余因書
其下至儉紀功之銘刻於肅慎南界（及）不耐城者度未嘗不在人間未知何日始得見
於世也丁巳重陽後二日海甯王國維

北史高麗傳正始三年高麗位宮寇遼西安平五年幽州刺史毋丘儉將萬人出玄菟討位宮
大戰於沸流敗走儉追至䞗峴懸車束馬屠其所都位宮單將妻息遠竄六年儉復討之位
宮輕將諸加奔沃沮儉使將軍王頎追之絕沃沮千餘里到肅慎南刻石紀功又刊丸都山
銘不耐城而還云云北史所紀年月較魏志為詳蓋本諸魚豢魏略惟謂儉征高麗前後
二次與魏志同據此殘刻第一行所云正始三年高句驪口以下當紀高句驪入寇事第二行
督七牙門討高句驪五五下當是年字蓋以四年議討五年出兵第三行復遺寇六年五
月旋復上蓋闕無字（此字在第二行末）旋下闕師字儉伐高麗實以五年出兵六年凱旋魏志北史
六年復征之說均不可據也又北史載儉懸車束馬之處曰䞗峴蓋完都為此山之大名而䞗峴
其支嶺也古高句驪國都所在得此刻可以推求可謂人間之瑰寶矣次日又題
（魏志齊王芳紀以儉定句驪在正始七年五月尤誤）

毋丘儉傳宮遂奔買溝案魏志沃沮傳北沃沮一名置溝婁
宮所奔處實北沃沮買溝當即置溝婁買置二字形相
似不知孰誤也是日又題

第六行末一字審諦乃是玄字前釋為率字誤也以下闕處當是菟太守諸字行裨將軍領玄菟太守者蓋王頎之結銜魏志稱玄菟太守王頎北史稱將軍王頎其證也至毋邱儉結銜當為度遼將軍使持節護烏丸校尉幽州刺史安邑侯以當列烏丸單于之上第五行之威寇將軍都亭侯決非儉銜儉名不列諸將中者以儉為主將銜名必已見前序故也第二行七手門魏言手门猶漢言校討寇將軍以下諸人即各領一手者也毋邱儉銜名當在第一行末安得全石重出證此說耶國維又記

此曾望信造象圖畫甚工此
中一牛車尤為明畫余謂此
即古之輜車也釋名輧屏也
婦々人々四面屏蔽婦人所乘牛
車也輜輧之形同有邸曰輜
無邸曰輧宋書礼志引字林
曰輧車有衣蔽無後轅其有
後轅者謂之輜今此圖々中車前
有二轅々木之本直出車後此
即釋名所謂邸字林所謂後
轅其為輜車信矣車箱以木
為之前有兩扉可推向左右此
古之所謂戾說文戾輜車旁推
戶也右側有兩窓一啟一閉亦可
旁推古之所謂蔥也車項及前後
皆以衣蔽之車前衣用兩木掌之
使与項平而稍仰其前此古之所
謂幰々者軒也其兩木古謂之棠
々者掌也車後衣則下垂亦有二
棠在車旁設而不用車後面不可
見余於唐人明器中見一陶製牛
車与此大同其後有一戶在旁蓋
亦當推者合此二者可識古輜輧
之制矣庚申八月
積畬先生屬題　海甯王國維

靜安

王國維

爾雅疏十卷　北宋刊本

翰林侍講學士朝請大夫守國子祭酒上柱國賜紫金魚袋臣
邢昺等奉勅校定

此北宋咸平四年刊自南宋迄元明閒遞有修補阮文達所見
黃蕘圃藏本有明補之葉吾鄉陸氏皕宋樓藏本用元至順
閒公牘紙印此本前三卷亦用公牘紙屢見洪武二年字則
又在陸本後可見書板至明初尚存矣故每卷中皆有自宋迄
明補刊之葉第七卷中補刊者幾及其半然行款一仍舊疏字
畫亦頗謹飭蓋即用舊印本景刊初印既不可見則修補亦
足寶矣吾鄉陸存齋觀察序重刊本謂金入汴京盡輦國子監
祕書監書籍而北其板至元時尚存故有印本竊謂此書於杭州
刊本玉海（四十二）載咸平四年九月丁亥邢昺上孝經論語爾雅正義十
月十日命杭州刻板又（四十三）景德二年六月庚寅國子監上新刻公
穀傳周禮儀禮正義印板（猶言印本）先是後唐長興中雕九經板本而
正義傳寫蹖駮太宗命刊板雕印而四經未畢上遣直講王煥就
杭州刊板至是皆備又（四十三）紹興十五年閏十一月博士王之望請羣
經義疏未有板者令臨安府雕造是咸平景德杭州所刊七經
正義雖係監本實當杭州惟太宗朝所刊正義其板在監當
為金人輦之而北杭州所刊則南渡後尚存故紹興時補刊
者雕造其杭州所刊則南渡後尚存故南渡後雖有修補訖未改刻此

是北宋時諸經正義除國子監五經
正義外皆刊於杭州元時於諸行
省所刊書籍皆令印造送都其
板仍各行省想宋時亦留當地
是故紹興中重刊諸經正義但
就未有板者令臨安府雕造則
有板者尚多其有板者蓋謂咸
平景德中杭州所刊七經正義
未有板者則太宗時所刊五經正義其板在監為金人輦之而北者也此書板在杭州

書中宋諱僅避敬弘殷玄匡慎等字而
及貞嫌名苴字

當明中葉此書殘板與儀禮單疏
殘板尚在南監南雍志經籍考有儀
禮注疏五十卷存殘板五面尔雅注疏
十卷存者二十九面志雖題為注疏並
五十卷與十卷固單疏之卷數而非注
疏之卷數也以此推之則西湖書目書
目之諸經注疏即兩宋所刊之單疏而
建安所刊之附釋音注疏亦可知
也

補刊之葉有避欽宗諱桓字者是修於南宋不修於金源之證
亦即此板在南不在北之證也南宋書板元時入西湖
西湖書院舊有書目 此本印紙前三卷用山陰蕭山二縣公牘
此又印於杭州不印於北方之證也書每葉十行每行三十字古
義疏舊式日本早稻田大學藏六朝寫本陳鄭灼禮記子本
子疏義殘卷每行皆三十許字敦煌所出唐以前佛經疏亦略
同矣吳門黄氏所藏儀禮疏亦半葉十五行行二十七字與此書皆
用六朝以來義疏舊式今儀禮疏已不知存亡而尔雅疏則吳
中袁氏黄氏二本亂後亦不知存否吾鄉陸氏藏本已流出海外
源內單疏但有此本耳 昔阮文達刊尔雅注疏其疏文全據
此本然因與經注合刊散於單疏中複舉經注之文多所刊落
又往往改疏字以就注至陸氏重刊本則譌誤觸目似刊成後
未一檢校者曩曾以此本校阮陸二刻訂正頗多爰以校記別
附於後此書為明內閣舊藏後歸陳仲魚汪閬源有文淵閣
印得此書費辛苦後之人其鑒我仲魚圖象鱣讀陳鱣收藏
汪士鐘印閬源真賞焦新印泰州劉麓樵攜於揚州癸丑兵
火之後諸印

附校記

卷一

自英儒博聞之士生序末

此校記另刊

詠者永言也 [詠阮訛詞]

儒學濡裒 [濡阮改濅]

易之謙謙 [謙阮改嗛云（校勘記）單疏本舊亦描改為謙今訂正案此本此葉係原刊正作謙〻並非描改阮記誤]

云豹鼠既辨 [辨阮改辯]

嗜嘉脊 [脊陸訛有]

惟此五家而已 [惟阮訛為]

物狀難辨者 [辨阮改辯]

別為音一卷 [一陸訛十]

釋曰工者對中下生名以下二十六字 [阮本移入（爾雅）釋詁卷上下郭璞注下]

肇祖元胎 [肇陸訛肈]

云肧胎未成 肧婦孕一月也 [肧阮本皆改胚]

齊宋之間曰碩 [宋陸訛朱]

凡人大謂之奘 [奘陸誤分作壯大兩字]

而已皆弇於私也 [皆阮訛弇]

介忳夏憮蒙贖昄皆大也 [陸改介純夏幠蒙晊昄]

先祖於摧者 [於阮改于]

以禦魑魅 [魑阮改螭阮記謂注疏本作魑非然此本亦从鬼字雖漫漶尚可辨]

謂祥淑鮮藏令嘉穀 [穀字此本右旁下微泐陸作穀譌]

詩文作夷說豈槃□ [阮本誤以闕字在豈字下校勘記不誤]

皆謂謀議也 [謀陸訛謨]

違者離遠也 違阮訛遠
召南殷其靁云 靁阮作雷
四者又為遐也 為阮訛遠
書序曰祖乙圮于耿 序阮改叙書中序字阮皆改叙後不復舉
主事者必有冢地 主陸訛王
三女貫女 女陸訛汝
漢書律歷志云十丈為引 漢字陸本空闕丈訛史
引者信也 顏師古曰信讀曰伸言其長 陸本正文也字及注文顏師曰伸言五字皆空闕
延年長也凡施於年者謂之延 年陸均訛季
又曰宋衛荆吳之間曰融 阮本奪上曰字

卷二

印者郭云印猶妹也 者陸訛也
漢書象辭也 書卦 卦陸訛封
加增輔粥 增阮訛粥
鑿空畢鑿 鑿陸訛鑿
戎醜猶行 猶阮改攸
瘽者小雅十月云 十阮本作正校勘記引浦鏜曰十誤正然此本正作十月不誤
疷者 俾我疷兮 疷阮均改疧
皆謂憂愁也 謂阮訛言
云哀我癉人者 癉阮改憚

卷二

倫勸邛敕邛陸訛邛

故采薇序曰杕杜以勤歸杕陸訛杕歸阮訛之

大雅民勞云汔可小康阮刪空字

頻仍脾益頻陸訛頻

朏朏朓音義同笠與篤同阮奪下四字

顯昭皆明見也阮奪皆字

云戾底義見詩者底阮改底

豫射猒也○注詩曰服之無斁○釋曰謂猒倦也云詩曰者周南葛覃文也阮本作豫射猒也○釋曰謂猒倦也云○注詩曰服之無斁○釋曰詩曰者周南葛覃文也

大雅板篇云篇阮訛曰

大雅抑篇云辭不為則阮奪抑字

蠱謟貳疑也○釋曰皆謂疑惑也郭云蠱惑有貳心者皆疑也者阮本於惑也下增○蠱惑至不謟○釋云九字刪郭一字

浡然興作貌浡陸訛悖

其興也悖焉悖焉阮改浡然

皆是言也言阮改習

當東晉時東阮訛時

釋曰皆相親與也郭云阮本於與也下增○注公羊至及也○釋曰十八字刪郭字

踰音躍陸空躍字

云國語曰水涸而成口梁者阮刪空字

注鴻雁至相代 阮改鴻昏至代也

饋者以食遺與也野饋曰饁 上饋字阮作饁下饋字作食

曰臣得賢人 人陸訛文

左傳云后緡方娠 緡阮訛婚

自搖動貌 自阮改皆

晉衛燕魏曰台 魏阮訛趙

鬱陶繇喜也○注孟子至字耳○釋曰皆謂歡悅鬱陶者心

初悅而未暢之意也 阮本移注孟子至字耳七字於意也下下又增釋曰二字分爲兩節

伐執之曰取 阮本於此下增○書曰至取也○八字

各首其義故云善惡不嫌同名 阮本首訛有名訛稱

謂相逢迎也郭云 阮本於迎也添○注公羊至跛者○八字刪郭字

宣二年左傳曰 二阮改三

謂頭首也 頭陸訛顧

狄人歸先軫之元者 陸本空狄字

八月戊子晉侯敗狄于箕 子阮改午

即君也 即陸訛卽

貊靜也 貊阮改貉

德正應和曰貊 阮奪正字貊改貉

徂落殪死也 徂陸訛爼

鄭注云異死名者 者阮訛也

鞠鞫[illegible]也 [illegible]阮改鞠是

卷三

成是南其 其阮陸均改箕

駟遽轉也 轉阮改傳

注禮記曰男唯女俞者 阮奪注字

又莊子云大儒臚傳是也 臚陸訛鴻

教撫儌也 毋撫毋教 撫阮並改憮

梳頰充也 梳陸訛梳

孫叔然本梳作光 梳阮訛恍

楚曰餘 餘阮訛餘

或曰餘或曰粘 餘阮訛餘 粘阮改鮎

鞠究窮也 鞠鞠庶正 鞠阮並改鞫

流是覃也 阮刪是字

所以約勤謹戒衆也 勤阮訛勤

下云髦俊也 云阮訛士

基墻下止也 止阮改土

埤蒼云悽慄也 悽阮改淒

注謂緣飾見詩者 阮奪注字

周禮曰以猷鬼神祇者 祇阮訛祗

樊光曰坎卦水也 阮刪卦字

彊暴也 彊阮改強 下同

彊梁者好淩暴於物凌阮改淩

注詩曰戴弁俅俅戴阮改戴

椿所以為藩阮本椿上加棘字

謂糧食也糧阮譌粮

乘桴浮于海于阮改於

大雅柔桑云菀彼桑柔菀阮改宛

逯遝也遝即逯之譌陸譌逯

是不非也阮奪也字

局分也○釋曰郭云謂分部阮奪郭云以下五字

注詩曰天子葵之者注阮譌法

周南汝墳云墳阮改濆

釋曰注云謂厚重注云二字阮本奪

硈苦學切當從告說文別有硈苦八切石堅也苦陸並譌若

䪻閑也 釋曰䪻然閑暇貌 釋曰謀慮以心二疏皆重注文阮並刪去

獻聖也阮作[illegible]闕至聖也

皆堪可也堪阮譌肯

郭云今河北人呼食為餐餐阮譌粲

還予授子之粲兮粲陸譌餐

說文云蹴蹎都年切跆蹪竹二切阮本音切並改大字都年切改丁千切

戕相也如字注同一云相助也息亮切阮本刪戕也二字又小字皆作大字陸本注譌庄

皇帝威之正 威阮訛成

周禮典瑞云 典阮訛其

孫之猶言為孫 阮改孫之為言猶孫

新叫也 新陸訛所

惡積而不可揜 阮奪揜字

振者奮訊 訊阮改迅

宣緩也○釋曰謂寬緩也 阮本刪下六字

杜云翫愒者貪也 翫阮改忨

煖温也 煖陸作燠

注外傳曰枕由以堛○釋曰 阮本奪釋曰二字

說文云璞 匹角切 阮改三小字為一大字恐陸訛同

注書曰闢四門 阮本奪注書字

紓緩也 阮本紓字上有鬻縻也三字

[壽卩]壽也 阮本[壽卩]作翢下同

左右騑馬頭上 騑阮訛騈

胏肉及庪車 庪阮訛庳

左傳云屬役賦丈 丈陸訛文

左傳曰□口濟師於王 阮補盍諸二字

以同于王庭 阮奪王字

卷四

玄謂土訓能誦說土地善惡之勢 土訓二字刻擠補入阮刪

此道人君之顯望也 顯阮改德是

信誓旦旦然 旦然陸訛毛

制法也 法下阮增則字是

賢云永衰 云阮改士是

及人所作為久時事 久阮訛及

舍人曰斤斤者 阮奪曰字

此皆恐動趨步 步阮訛走

此皆危恐戰懼也 戰懼二字阮誤倒

洋養音義同 洋阮訛羊

鄭風子衿云 衿阮訛矜

謂以樂樂己也 阮訛謂以樂己也也

謂耕墾開辟土田 墾阮訛懇

戴弁俅俅 弁陸訛弁下三弁字同

今以履霜送轉餫 以陸訛之

東人勞苦而不見謂勤 阮奪勤字

故鄭云賢者陵替姦黨熾盛 此本盛字剜擠初刊當無此字阮未刪

故字从山 音眠 音眠二字阮改大字 余井寫連也訛令憂

小雅正月云藪藪方有穀毛傳云藪藪陋也 阮奪藪藪方有穀毛傳云八字

故鄭云傷見棄絕根士失也 士字佳宦此本尚可辨認

德音清明也 明阮改冷

鄭云謂牽挖 挖陸訛挽

故鄭云不可待 阮奪故字

蹟軌迹也 阮奪蹟字

小雅沔水云 水阮訛彼

言為語辭之雖 語辭二字阮誤倒

遠為百穀祈膏雨 為阮訛謂

此舉衛風淇奧篇文 奧阮改澳

言道之學以成德 之阮改人

僩寬大也 也阮改貌

內心寬裕也 內心阮作又內

皆水澄之疾也 澄阮作濕

論五方人言是子也 人阮訛之

猶云是此子也 云阮作言

桃夭傳云之子 之阮改嫁

云肇者也者 阮奪上者字

郭云無舟楊 楊阮改桴

謂慰恤也 恤阮改卹

謂恩愛相流湊也 阮奪也字

云詩曰日嬪于京 下日字阮改聿

先生於文則繼世者也 阮奪世字

有親者服各以其屬親疏 各阮訛名

故曰玄孫也 阮奪也

晜孫謂毁揄 阮本揄下增也字

夫之晜弟何以無服也 之阮訛人

言兩人相謂謂長者為似 阮奪一謂字

卷五

由命士以上 命士二字阮誤倒

天子設屛風之狀於牖戶之間 狀阮改扆

此別室中四隅之異名也 室阮訛宮

注官見禮亦未詳 官陸訛宮阮改宦是

從徹者而入 徹阮訛散

棖謂梱上兩旁木 上陸訛土

其持樞之木 木陸訛十

郊特牲曰 特陸訛持

塗工之作具也 工陸訛土

崇坫亢圭 亢陸訛元

此二者在兩楹之間 二阮訛三

惟其塗塈茨 塈阮訛墍下同

玉藻云 玉陸訛王

不敢縣於夫之楎椸 椸阮作箷下同

因名鄉也 鄉阮訛云

僖宮之闕是也 宮陸訛公

皆命曰別大夫 此本別字描過陸亦作別阮改列是也

一云即橋也 云阮訛若

注或曰石絶水者為梁 阮刪者字

涂飾朱中 陸空朱字

口足徑一尺 足陸訛圓

交辰在木上直東井井之水可以汲 阮奪一井字

瓶音烔郁感岡切 陸本岡訛同又烔字誤作瓦冘二小字

其中者謂之瓿甑 甑陸訛頡

甇謂之瓶鼓鞶甖謂之甈 陸奪鼓字甖訛甓

陳魏宋楚之間謂之題杜啓切 陸奪切字

鏄𨪐及定當是一罌 阮奪鏄字

斫謂之鐯 鐯陸訛鍩阮改鐯是此本下文亦作鐯

趙魏之間謂之桼音鍫 此本鍫字係後人描改阮亦作鍫陸作鍫是也

籠一名篗 篗陸訛篗

其圍名纙 纙阮訛羅

如刀衣鼻在屨頭是也或曰絇履屬 阮本屨履二字互訛

金飾龜目 龜阮訛龜

則以上同用桲而加飾耳 阮奪而字

毛說言大一碩 說阮改詩

褸謂之衽 褸阮訛縷

禕交帶繫於體 禕下阮增邪字

百羽為摶 摶阮訛搏

釋曰業晉語獻公使大子申生伐東山 阮奪業晉以下五字

而玦之以金者銑寒甚矣 者銑阮一改銑者非

彧曰拘腸 陸室彧字

彧謂之鉋 音葩 葩陸訛葩

檀弓曰華而睆 睆阮改睆

故云未詳 阮奪云字

今大子樂官有之 大陸訛天子阮改予是

連底挏之 挏阮誤桐

投椎於中而橦之 橦阮改橦

其中不大不小者名篂小者名篎 阮奪名篂小者四字

卷六

此爲二十八宿周迴直徑之數也 周阮訛所

正月假上八萬里 上陸訛土

又於日與日相會 日陸改及

滿則缺也 缺阮改闕

先儒因其自然 阮奪其字

故異義天號 天阮訛同

故以遠人言之 人阮改大

旻天不弔 旻阮改昊

而又從歐陽之說 阮奪之字

歲時者何謂春夏秋冬也 阮奪者字
景風即祥風也 祥阮訛和
其雨時降 其阮改甘
詩小雅云降喪饑饉 阮奪詩字
又謂之大侵 侵陸訛祲
謂連歲不熟也為荐饑 阮刪為荐饑三字
二月得乙則曰橘始 始阮改如
注離騷至孟陬之義 阮刪義字
詩零雨其濛 濛阮改蒙
雨霓為霄雪者 霓阮訛霓

鄭箋云將大雨雪始必微溫 微阮訛徵
李廵云水雪雜下 水阮訛氷下文氷雪俱下同
所封封域皆分星 皆下阮增有字
東宮倉龍 倉阮改蒼下同
析木之津者 阮奪者字
日在析木之津皆是也 皆阮訛者
案襄二十八年左傳云 案陸訛家 作顓頊之虛也奪也虛字文
顓頊之虛虛也者虛星又謂之顓頊之虛 阮奪者虛星以下十一字
謂玄枵也 阮奪謂字
營室謂之定者 定下阮衍室字

廿氏不出三月迺生天欃左右銳 欃阮改槍

自殺以上 阮奪自字

燔柴祭天者 阮本天下有曰字此本燔柴一二字占三格疑本有之後剜去

鄭注云禋之言煙 阮奪注字

是禷是禡師祭也者 禷禡陸訛禷禡

類於上帝 於阮改乎

表貉則為位 位陸訛禡

禡祖天駟上文云天駟房也 阮奪上文云天駟五字錯在下文先牧始養馬者上

賓尸是此祭之事 此阮訛其

彤者相尋不絕之意也 者阮訛曰

夏日復胙者 阮奪夏字

擇其懷任者也 其阮改去下擇其同

社所以家地之道也 家阮改神此本家字後補

戎大也 大陸訛犬

幼賤在前貴勇力 勇力下阮增此字

使不曳地以朱纏 朱陸訛失

卷七

江南曰揚州 揚阮改楊下同

注自河東至濟 阮奪東字

注今鉅鹿此廣河澤是也 此阮改北

注會稽至縣也 縣阮改篠是

豫州云導菏澤 菏阮改荷

左傳亦作孟諸 諸注訛豬

鄭丸澤在北 丸阮改九

蹵居焦護是也 護阮改穫

此亦題工事也 題注訛提

是縣因山為名故云山名 云阮譌為

士佩瓀玟 瓀阮改碝

財物之所藏也 藏阮訛聚

皆美物之所聚藏 阮奪藏字

崇五山有鳥、 五阮改吾

西方金之蠻 蠻阮改蠻下同

蠻則肩卑 卑阮訛痺

則皆資而走 皆資阮改背負

云呂氏春秋者案漢書藝文志呂氏春秋二十六篇 阮奪呂氏春秋者以

下十一字

秦相呂不韋輯口略士作也 阮補智字

引之反以證邛邛岠虛之形也 反阮改乃

自驗知之也 自阮改目

其地可長木林 木阮改平

乃得為人動作 動作二字注誤倒

新田口成柔田也 阮補新字

逵四令支有孤竹城是乎 乎陸訛也

夷者觚也 陸空觚字

依東夷傳 陸空依字

昧夷一夷 一陸改于

四曰滿飾 滿陸訛蒲

五曰鳧更 更陸訛吏

四曰跂踵 跂阮訛跋

七曰索家 家陸訛豕

七曰狗軓 軓陸訛軹

二曰戎夬 夬阮訛夫 陸訛失

棄 市陵切 阮改小字為大字

春秋莊十口年 阮陸並作莊十年

雨水停止 雨阮改潦

跂名戴丘 名阮訛為

東至博昌入泲 泲阮訛沛

而北至博昌入泲也 阮奪也字

詩云者鄘風載馳篇文也 詩云下阮增陟彼阿丘四字

限當作鞫傳寫誤也 傳陸訛博

謂窮困不通之水 通陸訛過

其山鎮曰嶽 阮本嶽下增山字

孔注云衡山江所經 注陸訛江

南曰衡山是也 山阮訛也

嵩本不指中嶽今之中嶽名嵩高 阮奪今之中嶽四字

小山岌大山峘 峘陸訛垣

注山上平 言山形上平者 上陸並訛土

謂未及頂上 上陸訛土

巒山隮山 隮山阮訛墮

山墓有重岸也 墓阮改基

多大石礐 礐阮改礐

白虎通云嶽者何謂 謂阮訛為

張揖廣雅云 揖阮改楫

注太室山也○釋曰 阮改釋曰太室山也

祀分野星辰山川也 川陸訛山

謂人壅畜此水 壅畜二字阮本誤倒

以入秖柱之一流 一阮改中 下改

釋是大絙 阮奪大字

謂注溝水入之者名澮 阮奪者字

注溝曰澮廣二尋深二仞 注溝曰澮阮作注云澮又深二仞下復衍此四字

實惟河源 惟阮譌為

卷八

隸變作艹 七老切 說文別有草字 自保切 小字阮皆改作大字

生山中者名落 中陸訛巾

椵木槿 椵阮改椵

故月令仲夏云木槿榮 槿阮改堇

菉鹿蓐也 蓐陸訛蓐

予以采蘩 蘩陸訛繁

匪莪伊蔚 莪阮陸並訛我

蔍鼠莞 蔍阮改庳

莞草可以為蓆 蓆阮改席

一名大薺俗呼老薺似薺而葉細 阮奪俗呼老薺似薺六字

莖斑而葉圓是也 斑阮訛班 孟根尾。

一名孟 孟陸訛孟

此味苦可食之菜也 阮奪也字

郭云今莞蔚也 阮奪今字

葉鋸似荏 荏陸訛荏

米秳 米陸訛不

其莖稈似禾 稈阮陸訛稈

一名玉門精 玉阮訛王

說文云蓍蒿屬也生千歲三百莖 阮奪說文云三字 生訛年

蕍竹萹蓄（蕍字阮無 此本亦後補）

生水澤旁 旁阮訛中

葖蘆葩 葩陸訛肥

頌聲東面 面阮訛丏

浮在草上 上陸訛土

釋曰菲一名芴 阮奪菲字

藥草也一名榮 榮阮改熒

孫炎某氏引詩衛風云 阮本炎下有曰字

呼為馬歸決明 歸阮改蹄

一名蘞蘠 音廧唐 阮奪音三字

爾雅茥芺一名蔱蘠 茥阮改蕪

而在木部 木阮訛本

虉鴻薈 虉陸訛 虉下同

穤黏稬也 穤阮改糯

江東呼稬乃亂切 音三字阮改大字

釋曰箋者 釋曰二字阮作案

遵暢厥旨 旨陸訛言

非全文也 文陸訛大

山海經又名冠脫 冠阮陸訛冦

零桂人人且日貫之 陸本刪一人字

音氈氍毹者 氈陸訛同

故很者類知而非知也 很阮誤艮

握出隨生 握阮改握

一名水瀉 瀉阮改爲

為席有精有麤 麤阮作粗

作菹及羹之佳 之阮改亦

注禮記曰苴麻之有蕡。釋曰儀禮喪服傳文也 阮作注禮記至

有蕡。釋曰禮記曰苴麻之有蕡者儀禮喪服傳文也

菲一名葸菜 息阮改葸

今關西亦呼為蕩江東呼為當陸 阮奪亦字及下呼字

案本草商陸 商阮改蔏

毛傳云蕢水蕮是也 是也二字阮誤倒

葂出衆草 阮本葂下衍生字

一名遂麥藥草也 藥草二字阮誤倒

藡苦堇 堇阮改槿

一名覆葐 其實名覆葐子 葐阮並作盆

嫌讀為堇荁之堇 荁陸訛苴

苧麻母疏一名苧至𧐢蝂淅疏近道田野墟落閒甚 四一葉此

本闕阮陸二本有

幽州人謂之爵耳是也 阮奪人字

蘟卬鉅 卬陸訛印阮改卭是也

蔓延生 延陸訛生

似覆盆而大赤（阮奪赤字）

今遼慧也（慧阮改志下同）

一名海蘿（蘿阮作羅）

濕有萇楚（萇阮訛長）

郭云今甘草也（草阮訛藥）

三老掌教化（掌阮訛業）

皆雈茅之屬（雈茅阮訛雈矛）

葭一名華（一陸訛二 華阮訛草）

蒹一名蘼（蒹陸訛葭）

青徐人謂之蘼（蘼阮訛蒹）

空中可食者為芰（芰阮改菱）

賓發賓秀（發秀二字阮誤易）

卷九

方俗無名此為椅者（椅阮訛樗）

可為車輻（輻陸訛幅）

許慎正以椅讀為櫻（讀陸訛櫟）

椵柂（椵阮訛椴）

椵一名柂（柂陸作柂上仍作柂）

禮記檀弓云杝棺一（阮奪一字）

赤心華赤黃（陸空上赤字）

櫠椵 椵陸訛椵

芝栭蔆椇是也 蔆椇阮訛蔆椇

穫落 檴陸訛穫

小雅大東云無浸穫薪鄭箋云穫落木名 穫阮並改檴

今栩榆也 栩阮改栩

今之杜梨 梨阮改棃

本草謂之牡桂者是也 謂陸訛為

河東聞喜縣東北有董澤陂 董阮訛黃

杞枸檵 檵陸訛檵

春生羹茹微苦 春生下阮增作字

東海諸島上 諸陸訛之

今人謂之苦楸是也 謂陸訛為

又山海南荒經云 山陸訛三

赤黑恬美是也 恬陸改甜

或曰木蓼 木阮訛本

一曰鼠梨 鼠字此本漫漶描失陸亦此字

膾炙與羊棗孰美 孰陸訛熟

山有苞櫟 苞陸訛枹

名為櫰 櫰阮訛懷

守宮槐晝聶宵炕 晝陸訛書

白者即名楝 即名楝阮作名白楝

揄之皮色白者名枌 者名枌阮改名枌白

名楷亦名柯木無枝相長而殺者 柯阮改楲相阮改柯此本柯字剜補初刊當是楲字當由楲剜相字而誤剜楲字也

以當死害生曰當 阮刪當字

樹枝曲卷如鳥毛羽名𣟴 枝陸訛皮

木枝工竦而曲卷者亦名𣟴 木阮訛本

枝皆翹竦 翹阮改𣟴

檄則擢也 則陸訛者

蜚蟁蟲也 蟁陸改閩

自關而東謂之蟥蜜 蟥阮訛蚰

或謂之蚨虶 扶二音 蚨陸訛蛈阮刪二音二字

齊謂之蟒蠖也 謂陸訛為 如奴六切 蚭音尼 尼阮訛泥

有文者謂之蜻蜻是也 此本蜻蜻三字占二格係剜改阮本據注文改蜻蜻為蠑此本蜻ㄟ二字原係一字

恐本是蠑字也

注夏小至音蘽 蘽阮改蘽

或謂之蛉蛄 音岑 或謂之蝭蟧 音帝 阮移音岑音帝四字於蛉字蝭字下

螻蛭謂之螻蛄 音窒 窒陸訛窄

蛄螻強蚌 蛄陸訛蚌

其子蜱蛸 蜱陸阮訛碑
一名螳蜋 螳阮改蟷
蜋馬蜣 蜋阮訛蝭下同
俗呼馬蝭 蝭陸訛蝭
一名蚣蝑 蚣蝑陸訛松楈
其股似蟜蜎 蜎陸訛蜎
土蠭一名蠰谿 土陸訛上
今謂之工蝶 工阮訛土
莫貈螳蜋蛑 螳阮改蟷
或謂之虰 虰阮訛町
鼠背負之 背陸訛皆
一名莎雞 莎陸訛沙
是謂經緯為經也 謂陸訛為
蚍蜉生子蚳 子陸訛於
此辨蜂蜾在土在木之異也 也陸訛氏
蟓讀為蜑蟺之蟺 蜑阮譌蛋
土蛹蠻蟲是也 土阮訛工
蜾蠃負之 蜾阮改果
說文云細要土蠭說文地之性 下說文二字此本描失陸本亦同誤阮蛛也天二字是也
或在草菜上 菜阮改萊

其在木者謂之蠮螉 本阮改小是

小蟲似蜹亂飛者也蜹阮改蚋蠓桑至蕭薾蕭陸訛肅言其姦冥冥難知也冥阮訛熐故曰蟦也蛓阮改蟦鯏鯉鮹鱣鮥鮥陸訛鮹今鯉魚也鯉阮改鱧是故注云今青州呼小鱺為鮵鱺陸訛麗魚禁鯤鰝鰝陸改鮞釋曰鮡魚名鮡阮改鱯是其腹喙小銳而長銳阮訛鋭

疢子賤仕魯阮奪仕魯二字入界見魰者魰阮訛鮫腠細而長腠陸訛腰九江有之亦呼為魴魚魴阮改魵是魴今伊洛濟穎魴魚也下魴字陸空闕周禮謂之貍物謂陸訛為蚹蠃螔蝓螔陸訛蜣蠃小者蜬。釋曰阮奪此七字蜬陸訛蛹云俯者靈者俯上有龜字龜俯者靈仰者繹阮奪龜字

西伯既戡耆 伯陸訛北

紂囚之牖里 牖阮改羑

大如大車之渠以備其韋 阮備改贖韋改皋

以其同名續也 續阮改蟦

其循幾何 循陸訛楯

秦晉西夏謂之守宮 秦陸訛奏

或謂之刺易 南陽人呼蝘蜓 南陽人以下六字阮改大字人蜓二字陸訛為一以字

聯青蚪 蚪陸訛糾

雲黄路 陸訛作黄雲絡

且魚亦蟲之屬也 也阮改乎

卷十

江東名為烏鴨 鴨阮訛鵙陸訛鴨

似鵝而短頸 頸阮訛鵝

不注兩書百篇內 注阮改在是

且鄭玄郭璞陸機 璞阮訛樸

自關而東謂之鷗鶘 鶘陸訛鴣

或謂之幾爵 幾阮訛戩

燕頷雞喙 喙陸訛喙

高文二 文阮改丈是

郭云雉烏也 雉阮作鴨

脰頸也頸項也 阮奪頸也頸三字

詩邶風衛莊姜送歸妾之詩也（阮奪上詩字）

案商本紀云（商陸訛啇）

謂雜雄之屬也（謂陸訛為）

注國語至爰居（至陸訛云）

或謂之譽鼠（譽陸改㒒）

晨風一名鸇鸇鷙鳥也（阮奪一鸇字）

青黃色燕頷句喙（阮奪青字燕字此本描過陸作斑）

名之曰白鷺縗（縗陸訛纕）

鶅雉者（阮奪鶅字）

案山海經北山之上（北陸訛壮）

今白鶅出（此本出字描失陸作山阮作也是也）

五雉分屬五工（工阮改土）

郭璞圖讚云（此本讚字描失作諸）

養由不晚（由陸作田此本亦是田字後描改）

齊人謂之擊征（齊陸訛一）

飛則伸其腳（伸陸訛仲）

其名為鸍鶅（鶅陸訛一）

比釋麋之種類也

魯宣公夏濫於淵（淵上阮增泗字）

絕有力者名迅（絕陸訛不）

[illegible]

書[illegible]以良[illegible]於[illegible] [illegible]

[illegible]

其[illegible]合[illegible] [illegible]

[illegible]真[illegible] [illegible]

晉人[illegible]之[illegible] [illegible]

奉由不[illegible] [illegible]

[illegible]圖[illegible]大 [illegible]

五[illegible]分[illegible]且之 [illegible]

今日[illegible] [illegible]

[illegible]山[illegible]其山之 [illegible]

[illegible]

[illegible]之[illegible]

[illegible]

[illegible]十[illegible]

[illegible]之[illegible]

[illegible]國[illegible]

[illegible]

[illegible]

[illegible]

或謂之貕音奚 音奚二字阮改大字陸訛為一貕字

出蜀郡 郡陸訛中

似熊小頭庳脚 阮奪似字

反辟濕 反阮改皮是

郭云漢宣帝時 阮奪郭云二字

獻其虎骨爪牙 牙下陸衍牙字

其雌者名[illegible]涅 涅阮改貀

遣使文時詣闕師子 阮於闕下增獻字

柏夭曰 曰陸訛氏

彙毛刺○釋曰 阮奪

梟羊在此胸之西 此阮改北胸阮訛朐陸訛朐

狒狒怪萌 萌陸改獸

為物健捷山海經曰蜀山多蝯蜼是也 山海經以下十一字阮本移在上文印鼻而尾長大

句下

能緣不能窮木 木陸訛水

能走不能免人 免阮改光

跳舞善鳴 跳阮訛號

今江東呼齝為齛 齝阮訛齣

咽中裏食處 裏阮改裹是

頰裏貯食處 裏阮訛裹

天子至領頸阮作天子至千里馬

俗所謂漫髗徹齒髗阮譌驢

今名騧馬也騧陸譌緺

文似鰕魚阮奪文字鰕阮陸並譌騢

今之淺黃色者為騧為陸譌名

言似魚目也似阮譌以

今之犪牛也犪阮譌蝬

此牛出上庸郡庸阮譌鄘

其實白羊牝者名羘白陸譌日

注周禮圭為龍龍阮改駹

此先生所撰蔣氏傳書堂藏書志草稿也

後改定提要入清稿而删校記　乃乾記

國維曩讀段懋堂先生經韻樓集見江氏音學序及與江晉三論韻書始知嘉道間言古韻者有歙縣江氏一家嗣讀雷塘夏心伯炘詩古韻表廿二部集說以江氏殿顧江段王四家後舉其說略備客遊南北求其書未得也丁亥巳春始於嘉興沈乙庵先生海日樓中見之乃咸豐壬子重刊本其已刊者為詩經韻讀羣經韻讀楚辭韻讀先秦韻讀唐韻四聲正諧聲表入聲表等韻叢說凡八種而隸書糾繆一種則重刊時所附者也亟假歸讀之並取其敘錄及諧聲表入聲表唐韻四聲正刊入學術叢編校理未竟乃兩見原刊本於滬肆亟購致之自留其一以其一寄羅叔言參事於海外原刊二本總目不同而種數無異其各種封面皆署刊書之年始知其書刊行始於嘉慶甲戌畢於道光辛卯越十五年丙午而板燬于火逮咸豐壬子重刊則不數歲而徽州被兵其板再燬宜其傳世之希若是也江君古韻分部與高郵王懷祖先生最近去入之祭與入聲之葉緝各自為一部全與王君同惟王君於脂部中分出至質為一部而江君不分江君從曲阜孔氏說分東冬為二而王君不分故二家韻目皆廿一部王君於古韻未有專書其成書略與段君同時其所定之部目當乾隆己亥酉已與段君言之然其書迄未刊布至其子伯申尚書撰經義述聞始載其與李許齋方伯書及古韻廿一部目述聞成于嘉慶廿一年次年盧氏宣旬刊之南昌而江君書成於嘉慶十七年段君致江君書在是年七月作序在十月刊於十九年及在王君之前王君於道光四年復江君書始以所撰致李方伯書及古韻目諭之是江君著書時未聞王說而兩家所造若合符節猶其脂祭之分合於戴氏屋沃之分合於孔氏其時亦尚未見戴孔二家書也烏虖國朝學術莫盛於乾嘉之際當戴東原先生與江慎齋先生撰古韻標準時在乾隆一二十年間至丁亥三十二年而段君之六書音韻表成戴君因之於癸巳三十八年分古音為七類於丙申四十一年更分為九類孔君詩聲類即踵之而出王君著書與戴段同時而其書未布江君生諸家後其於諸家之書有見有不見而其說或與之闇合或加精焉前後數廿年古韻之學遂以大成而江君自奮於窮鄉孤學其事尤難今諸家之書盛行而江書板經再燬傳世無多其未刊之稿又皆燬於丙午之火固有幸有不幸歟其所著書目各本不同並錄於後俾後有述焉 丁巳九月海甯王國維

江氏音學十書目 許印林所見本

詩經韻讀

羣經韻讀 附國語大戴

楚辭韻讀 附宋賦

子史韻讀

漢魏韻讀

江氏音學十書總目 周作霖藏原刊本

詩經韻讀 封面署嘉慶甲戌春鐫

羣經韻讀 嘉慶丁丑刊

楚辭韻讀 附宋賦 嘉慶己卯刊

先秦韻讀 嘉慶庚辰刊

漢魏韻讀 未刊

江氏小學各書目 羅氏藏原刊本 其目與此重刊本同不錄

廿一部韻譜 附通韻譜 合韻譜
諧聲表
入聲表
唐韻存正
古音總論
附
說文彙聲
說文質疑
繫傳訂訛
等韻叢說
音學辨訛
以上見日照許印林致陳芸心書在道光八年許本僅刊成詩經韻讀古韻總論二種

廿一部韻譜 附通韻譜 合韻譜 未刻
諧聲表
入聲表 皆道光辛卯刊
四聲韻譜 未刻
唐韻四聲正 道光丁亥刊
附
說文彙聲 未刻
說文質疑 未刻
繫傳訂訛 未刻
等韻叢說 道光辛卯刊
音韻辨訛 未刻

宋刊九行本三史余所見有南海潘氏烏程劉氏所藏史記每半葉九行〻十九字其列傳二十七後有左迪功郎充無為軍〻學教授潘旦校對右承直郎充淮南轉運司幹辦公事石蒙正監雕二行是南渡初淮南漕司刊本此殘葉半葉九行〻十六字与史記行款略同攷洪氏容齋續筆云前紹興中分命兩淮轉江東轉運刻三史板史記刊於淮南則此後漢志亦當是江淮轉運所刊矣史記板至明中葉尚存南雍志所謂大字史記是也惟兩漢書板早亡故此本世極罕見密韻樓藏明鈔成祖實錄以此葉作封面 穀孫撿得之余亦乞得半葉裝為小幅既跋余本因復為 穀孫題此 壬戌四月國維

右卷高二
寸五分板心高
半每行八字或九〻
文共三百三十八行前題
一切如来心秘密全身
舍利寶篋印陀羅尼
經後題寶篋印陀羅
尼經并前〻
四十二行前
塔象廣二
題記四行曰〻
帥吳越國王錢
印寶篋印經八万四千
部在寶塔內供養顯
德三年丙辰歲記相傳
出湖州天寧寺塔中案
吳越忠懿王所造〻〻塔
塔〻裏有題

吳越國王錢〻 〻主
八万四千寶塔乙卯歲
記此卷刊於丙辰即在
造塔後一年考日本唐
宋所造百萬木塔其中
各有無垢淨光經相輪
陀羅尼或自〻 非
尼或六度陀四〻 卷
高纸正与金塗塔腹相
等當即藏於金塗塔
中故卷軸極小与尋常
經卷不同又當時所印
至八万四千卷必非一板
所能印故同此 一
卷大小行款並〻同字
體微異可證其有數
板也又日本久原文庫

藏僧玄證摹應現觀
音象末題天下大元帥
吳越國王錢俶〻〻致
漢乾祐二年冈
懿天下兵馬都元帥
宋建隆初太祖又加為
天下兵馬大元帥彼本
署天下大元帥又名中
去一孔字乃避宋諱必
印於宋初已後〻 忩
數年矣浙中工 〻存
者以此卷為最古即海
內古槧除敦煌所出外
亦當以此卷為最古矣
壬戌七月海甯王國維

弁陽翁齊東野語謂
雷川南景德寺為南
渡宗子聚居之地大殿
皆梓木為之佛像尤古
咸淳三年辛未火忽 〻此
起因佛腹其中 秘
數百卷多五山
時人手寫皆碑碧紙
金銀書間有舍利珠
玉金銀錢之類多為
宗子所得嘗見一僕得
金銀書心經一囊凡十
卷長僅二寸〻〻
繪佛像亦類〻 之
〻此卷長短正与弁陽
翁所記相同知當時自
有此一種小經卷前疑
此卷為金塗塔中物
者亦未必盡然〻國
維又記

明鈔北礀集十卷顧肖諤闕　盂蘋既假涵芬樓所藏宋刊本校前八卷而宋本闕
後二卷乃齎此二卷至京師屬余就圖書館所藏陸存齋捐入南學本校之陸本
前錄吳甌亭跋謂出馬氏小玲瓏館宋本其卷十空聖于哀辭上首校語云
以下宋本闕則似亦以宋本校過也然其本訛脫乃較此明鈔本尤多然亦有足
以正此本之誤者天寒晷短手以二日之力始校畢并錄吳跋於後　癸亥十月二十
日觀雲記于京師復道坊之寓廬

厲徵君樊榭道自馬氏小玲瓏山館借得宋槧居簡北礀集文前卷嘉定時江張自明
序詩九卷以葉適所答凡賸氏絕句一首一通冠于簡端詩見北礀先生集題作奉酬般
若長老即居簡也厲氏經籍志祇據集首十卷全集豈未之見耶蒙居簡蜀僧
俗居淨慈隱飛來峯常往來於菩雲閣板集內詩文亦據在西湖時撰者居多
鄉邦典籍幸得流傳所當什襲珍之　庚申夏五吳城跋
同治甲戌五月歸安陸心源錄校一過

元刊雜劇三十種今在（藏）上虞羅氏舊藏（在）吳縣黃蕘圃丕烈家書面
上刻蕘翁楷書十二字曰元刻古今雜劇乙編士禮居藏隸書二
字曰集部往見蕘翁題跋輒自詫所藏詞曲之富（而）怪其所跋詞
曲不過數種殊無以徵其說後見錢唐丁氏所藏元刊樂府新編
陽春白雪溧陽端氏所藏元刊琵琶荆釵二記皆蕘翁故物今復
見是編雜劇三十種且書面題曰乙編則必尚有甲編丙丁以降
亦容有之則信乎足以此自豪矣日本京都文科大學既假此編
景刊行世而流傳中土者絕少上海蟫隱廬復假羅氏原本付諸（又原書次序先後舛錯因為之釐定）
景印今粗諸雜事實（益）書其端曰元雜劇之存於今者寡矣國初
藏書家蒐羅元劇者曰虞山錢氏江陰李氏錢氏也是園書最錄（目）
元人雜劇一百四十種李滄葦書目有鈔本元曲三百本一百冊
然其後均不知所歸亦未有紀及此事者蓋存佚已不可聞矣舉

世所見獨明長興臧晉叔懋循之元曲選百種與西廂五劇而臧
選之中尚有明初人作六種則傳世元劇實尚不及百種今此編
三十種中其十三種臧選有之其餘十七種皆海內孤本有（并）自
元以來未見著錄者有明中葉後人所不得見者於是傳世元劇
驟增至一百十有六種即與臧選複出者體製文字亦大有異同
足供比勘之助且臧選刊於明萬歷間傳世西廂刊本號最善者
亦僅明季翻刊周憲王本臥南戲尚有元刊本而北劇則無聞焉
凡戲劇諸書經後人寫刊者往往改易體例增損字句此本雖出
坊間多訛別之字而元劇之真面目獨賴是以見誠可謂驚人秘
笈矣原書本無次第及作者姓氏曩曾為之釐定時代考訂撰人
錄目如左世之君子以覽觀焉乙卯秋九月初吉海甯王國維

目次

大都新編關張雙赴西蜀夢

元關漢卿撰漢卿號已齋叟大都人太醫院尹案雜劇之名已見於唐宋時至元時雜劇一體實漢卿創之元鍾嗣成錄鬼簿著錄雜劇以漢卿為首明寧獻王太和正音譜以馬致遠為首然於關漢卿下云初為雜劇之始均以雜劇為漢卿所創也漢卿時代世無定說楊廉夫元宮詞云開國遺音樂府傳白翎飛上十三絃大金優諫關卿在伊尹扶湯進劇編是以漢卿為金人也錄鬼簿但紀漢卿為太醫院尹而明蔣仲舒堯山堂外紀則云金末為太醫院尹金亡不仕蔣氏之言不知有據否據陶九成輟耕錄則漢卿入元至中統初尚存而自金亡至元中統元年凡二十有六年則金亡時漢卿尚少壯也又鬼董一書末有元泰定丙寅臨安錢有孚跋云關解元之所傳世皆以解元為即漢卿堯山堂外紀遂以此書為漢卿所撰錢少詹補元史藝文志仍之案蒙古滅金後惟太宗九年一行科舉後廢而不舉者七十有八年是漢卿得解當在金世至中統之初固已垂老矣由是言之漢卿所撰雜劇六十餘種當出於金元興與元中統二三十年之間此編刊板當出元季而雜劇上冠以大都新編四字蓋翻刊舊本也錄鬼簿太和正音譜並著錄

新刊關目閨怨佳人拜月亭

元關漢卿撰此劇紀事與南曲拜月亭記同乃譜金宣宗南遷時事乃南曲所從出也明人如何元朗臧晉叔輩激賞南拜月亭以為在琵琶之上然南曲佳處多出此劇盡何臧諸氏均未見此本也錄鬼簿正音譜也是園書目並著錄錢目作王瑞蘭私禱拜月亭或係別本

古杭新刊的本關大王單刀會
元關漢卿撰錄鬼簿正音譜錢目並著錄錢作關大王獨赴單
刀會
新刊關目詐妮子調風月
元關漢卿撰錄鬼簿正音譜並著錄
新刊關目好酒趙元遇上皇
元高文秀撰文秀東平人府學生早卒此劇錄鬼簿正音譜錢
目並著錄
大都新編楚昭王疎者下船
元鄭廷玉撰廷玉彰德人錄鬼簿正音譜錢目並著錄元曲選
乙集有刊本
新刊關目看錢奴買寃家債主

元鄭廷玉撰錄鬼簿正音譜錢目並著錄元曲選癸集有刊本
新刊的本泰華山陳摶高臥
元馬致遠撰致遠號東籬大都人江浙行省務官此劇錄鬼簿
正音譜錢目並著錄元曲選戊集有刊本
新刊關目馬丹陽三度任風子
元馬致遠撰正音譜錢目並著錄元曲選癸集有刊本
新刊的本散家財天賜老生兒
元武漢臣撰漢臣濟南府人錄鬼簿正音譜錢目並著錄元曲
選丙集有刊本
古杭新刊的本尉遲恭三奪槊
元尚仲賢撰仲賢真定人江浙行省務官是劇錄鬼簿著錄元
曲選庚集有尉遲恭單鞭奪槊與此全異

新刊關目漢高皇濯足氣英布
元尚仲賢撰錄鬼簿正音譜錢目並著錄元曲選辛集有刊本
不署撰人
趙氏孤兒
元紀君祥撰君祥大都人錄鬼簿正音譜錢目並著錄杭曲選書集
壬集有刊本錄鬼簿元曲選作趙氏孤兒冤報冤錢作趙氏孤
兒大報讐
古杭新刊的本關目風月紫雲庭
錄鬼簿於石君寶戴善甫下均有諸宮調風月紫雲亭襍劇君
寶正音譜元曲選錢目均作君寶平陽人善甫真定人江浙行省務官此本未
知誰作
大都新編關目公孫汗衫記
和錄
元張國賓撰國賓大都人教坊管勾是劇錄鬼簿正音譜並著
錄元曲選甲集有刊本作相國寺公孫合汗衫
新刊的本薛仁貴衣錦還鄉關目全
元張國賓撰錄鬼簿正音譜並著錄元曲選乙集有刊本
新刊關目張鼎智勘魔合羅
元孟漢卿撰漢卿亳州人是劇錄鬼簿正音譜錢目並著錄元
曲選辛集有刊本作張孔目智勘魔合羅
古杭新刊關目的本李太白貶夜郎
元王伯成撰伯成涿州人錄鬼簿正音譜並著錄
新編岳孔目借鐵拐李還魂
元岳伯川撰伯川平陽人或云鎮江人錄鬼簿正音譜錢目並
著錄元曲選丙集有刊本作呂洞賓度鐵拐李岳錄鬼簿同錢作鐵

拐李借尸還魂

元狄君厚撰君厚平陽人錄鬼簿正音譜並著錄

~~大都新刊關目東窗事犯~~新編關目晉文公火燒介子推

大都新刊關目的本東窗事犯

錄鬼簿載孔文卿金仁傑所撰雜劇均有秦太師東窗事犯文
卿平陽人仁傑字志甫杭州人建康崇寧務官此本未知誰作
正音譜錢目亦著錄

古杭新刊關目霍光鬼諫

元楊梓撰梓海鹽人至元三十年元師征爪哇梓以招諭爪哇
等處宣慰司官領福建行省以五百餘人船十艘先往招諭之大軍繼進爪
哇降梓引其宰相昔刺難答吒耶等五十餘人來迎（元史爪哇傳）後
為安撫大使官至嘉議大夫杭州路總管致仕卒贈兩浙都轉

運使上輕車都尉宏農郡侯謚康惠（姚桐壽樂郊私語及董穀續澉水志）樂郊
私語稱澉川楊氏康惠公梓節俠風流善音律今雜劇中有豫
讓吞炭霍光鬼諫敬德不伏老皆公自製以寓祖父之意第去
其著作姓名耳則是劇實梓所撰有元一代雜劇家皆書生小
吏名公卿為之者惟梓一人正音譜著錄此劇作無名氏撰蓋未
見樂郊私語耳

新刊死生交范張雞黍

元宮天挺撰天挺字大用大名開州人歷學官除釣臺書院山
長卒於常州此劇錄鬼簿正音譜錢目皆著錄元曲選己集有
刊本

新刊關目嚴子陵垂釣七里灘

元宮天挺撰各書均未著錄惟錄鬼簿載宮大用所撰雜劇有

嚴子陵釣魚臺此劇文字雄勁遒麗有健鶻摩空之致與范張
雞黍定出一手故定為大用之作大用曾為釣臺書院山長故
作是劇也
古杭新刊關目輔成王周公攝政
元鄭光祖撰光祖字德輝平陽襄陵人以儒補杭州路吏此劇
錄鬼簿正音譜並著錄
新刊關目全蕭何追韓信
元金仁傑撰仁傑字里見前錄鬼簿正音譜並著錄
新刊關目陳季卿悟道竹葉舟
元范康撰康字子安杭州人錄鬼簿正音譜錢目並著錄元曲
選己集留刊本
新刊關目諸葛亮博望燒屯

元無名氏撰正音譜錢目著錄
新編足本關目張千替殺妻
元無名氏撰正音譜著錄作孩子替殺妻
古杭新刊小張屠焚兒救母
元無名氏撰各書均未著錄此劇紀汴梁張某事母至孝母病
劇與其妻遂禱東岳神願以其子焚諸醮盆以乞母命後為鬼
卒所救兒得不死案元典章五十七載皇慶元年正月某日福
建廉訪使承奉行臺准御史臺咨承奉中書省劄付呈據山東
京西道廉訪司申本道封內有泰山東岳已有朝廷頒降祀典
歲時致祭殊非細民諂瀆之事中略近為劉信酬願將伊三歲
癡兒抛投醮紙火盆以致傷殘骨肉滅絕天理云云則此事元時
乃真有之不過劇中易劉為張又謬悠其事實耳然則此劇之

作當在皇慶以後矣

右雜劇三十種題大都新編者三大都新刊者一古杭新刊者七又小字二十六種大字四種似元人集各處刊本為一帙者然其板式大小與紙墨大略相同知是仍是元季一處彙刊其署大都新刊或古杭新刊者乃仍舊本標題耳國維又識

敬業堂文集書後

吾鄉查定山先生敬業堂文集二冊不分卷後有吳槎翁跋

拜經樓本而傳自涉園張氏者也此集為先生孫

岐昌所輯稿本藏花谿俍氏六十四硯齋陳簡莊首錄一

本涉園張氏從之移錄吳氏復錄自張氏未載

而俍擲於大槎翁自王氏錄之有序見海昌藝文志

中山本

先生外曾孫陳丰圭 敦璋 亦從王氏錄

得一本編為四卷並撰年表冠其首今張吳陳諸本俱不傳

則是本益足貴矣此吾人張君渭漁所藏當吾之世吾邑

言收藏者渭漁吾邑故文獻之邦康雍之世定山先生得

樹樓及馬寒中 思贊 道古樓並以藏書著聞東南至乾嘉

間吳氏拜經樓陳氏向山閣之藏與吳越諸大藏書埒

而朕蔣氏息壇東湖二草堂為之後勁諸頗旁蒐金石

書畫而陳受笙 均 馬吉菴 錦 胡康右 蒙 六舟上人 達受 等遂

以之若其家及咸豐之亂掃地以盡亂後收

藏家若錢鐵江 大令 保塘 若唐嵩甫 明經 仁壽 若孫銓伯 司馬

鳳鏘 皆宦學於外其所藏載持歸或石人莫得而聞焉余

自知書以訖弱冠嘗見一舊本書一金石刻蓋三百年來

獻盡矣渭漁長余數歲當就傅時書塾相望也頃余未嘗知

此冊首隸書敬業堂文集上下共十二頁
題槎翁手書

渭漁後序

渭漁弃舉子業，嗜金石書畫。光緒乙巳，余歸自吳門，渭漁訪余於西城老屋，出唐解元菊葉小幅、馬湘蘭畫蘭……說後遂不相聞，惟聞渭漁學益進，藏益富。丙辰余自海外歸，思欲盡覽渭漁之藏，而渭漁則死矣。光緒之世，陝石朱苓年……國經，頗蒐羅鄉先輩著述，其精者渭漁盡得之；而六舟上人所藏北齊武定玉造象，當時名搆玉佛庵者，亦歸於渭漁。渭漁又時往来吳越間，所至有獲，不以鄉邦文獻為限。假以年，當與彝器諸家並駕爭先，乃年四十餘而卒，身後圖書金石兩塞破散，產均未整比，斯不獨吾邑文獻惜也。辛酉春日，渭漁……此書……屬余題其後，余……此書因渭漁而傳，敘述渭漁齊事，……不泯焉。海甯王國維

文獻舊邑藏家……山先生……以渭漁傳

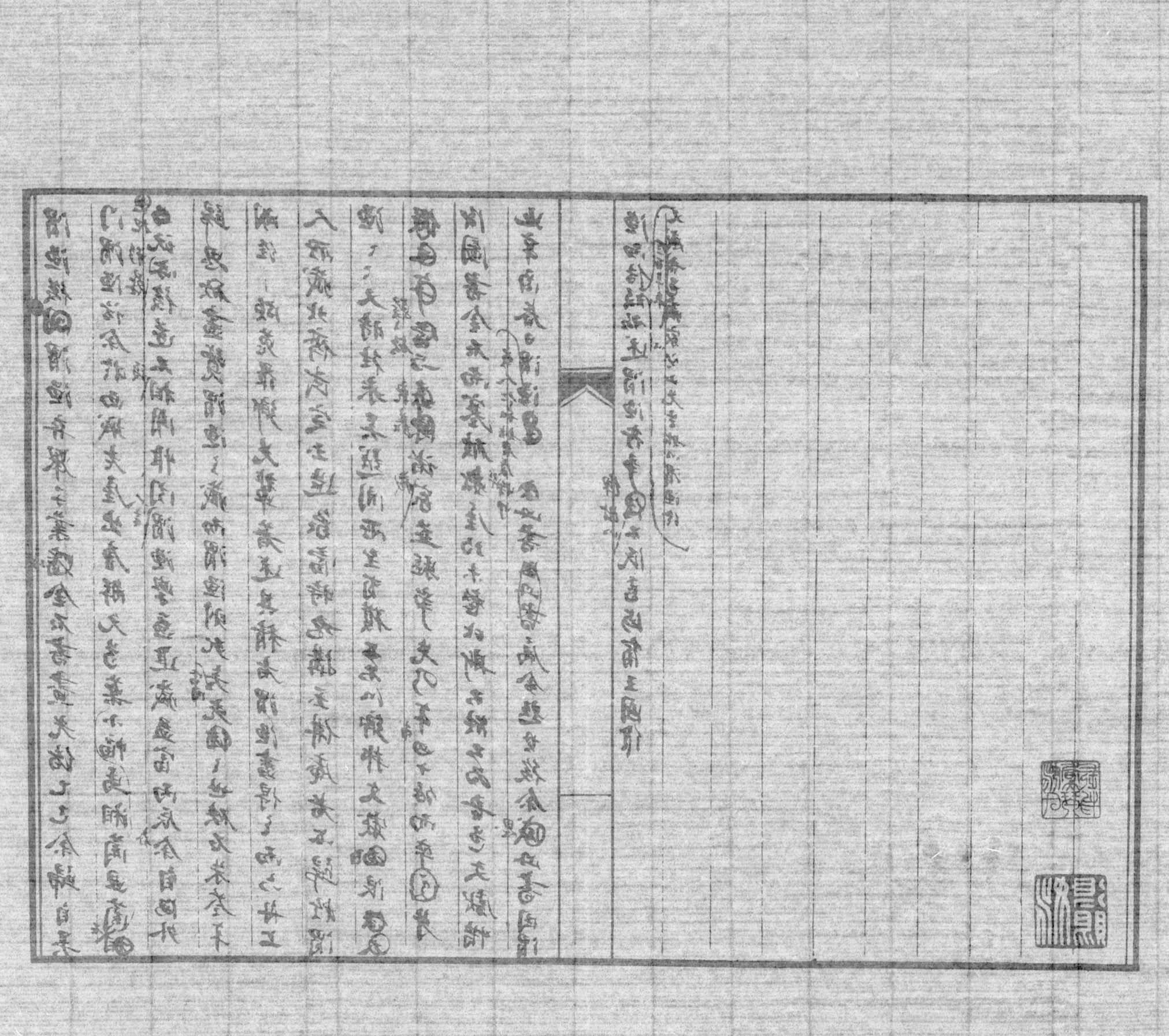

吳氏騫序此稿凡二卷無序目不類不次似從各書蒐采
隨手編錄而非定本稿舊藏花溪倪氏旋付祝融幸仲魚
先錄出一本手從涉園張鷗舫傳鈔鷗舫歿又燬於火今復就
硤川王紫溪借錄手與紫溪並各有補益雖尚不免遺佚挂
漏然大要已得十之八九矣

陳氏敬璋書後右敬業堂文集二冊為查太史初白公著公
一生精力注意於詩而文不多作大半出自應酬復不加收拾
所存絕少是編約百首不類（本）次蓋公之孫巖門舅氏所搜訪而彙
錄者其後為花溪倪氏所得傳錄涉園張氏而原本旋燬於火
吳丈兔林從涉園假以錄之身錄於王君紫溪而吳氏本復燬
今又從王氏本錄之與經傳寫訛誤實多於是悉心校訂疑者闕
之略為銓次釐為四卷復輯年表一卷列於冊首竊嘗聞之縱橫
排奡發揚蹈厲者才人之文也俯仰揖讓舂容大雅者學人（儒者）之文也
以原本經術發為文章主於理明詞暢深得歐曾法度其與雕琢
曼詞以炫世者相距遠矣惜所著率皆散佚而遺物又若是之存亡於
火幸而有存則是編也特全豹之一斑而不為之珍惜而善藏之乎查
巖門查孝廉一飛公之元孫也就試禮部留滯都門他日歸當舉
以示之謀付梓人以傳不朽焉

海昌備志敬業堂（文集）四卷寫本藏於初山房選佛詩傳云文集二十卷
此書蓋不分卷僅二冊陳氏敬璋重編始定為四卷

此卷舊為朱氏家藏今歸吾友蔣孟蘋學部案竹垞先生史館上摠裁第六書及
書先太傅奏疏尺牘奏後並云冊立首下儀注皆先公預定出諸袖中益即據此文恪
手定之儀注為說也上摠裁書又言公上言國朝冊立東宮無謁謝貴妃四拜之礼宣德嘉
靖舊儀与今有別故實錄特書是年礼臣悉從裁革今此稿中皇太子有拜母妃無
拜皇貴妃事則竹垞之言信矣又稿中本有一內侍引皇太子詣恭妃前行四拜礼一內
侍引□王詣皇貴妃前□王詣端妃前各行四拜礼二條文恪刪之而於末增入一內侍引皇
太子親王各詣母妃前行四拜礼一條蓋時福王母已為皇貴妃而皇太子母尚為恭妃与瑞
王母端妃名位不殊言之不順故以母妃二字渾括此等處極有用意昔竹垞言其家有
容堂所藏文恪手跡多至四櫝經亂盡失之既而搜訪掇拾五十年裝界成六冊盡皆
奏疏尺牘也此卷既非疏稿又係摺本當不在所裝六冊之內今六冊者不知存佚而此卷
獨存足以見前代大臣之用心是足珍已辛酉孟冬海甯王國維敬觀並識

右楊潛夫徐俟齋貫時朱柏廬四先生會合詩俟齋復為之序詩與
序俱不見居易堂集中蓋緣少作刪之是歲俟齋居金墅墓廬柏
廬自崑山徒步詣之貫時本居城中吳趨里弟因柏廬遠來故與
潛夫俱來會也卷中詩之先後以齒為序是歲潛夫年三十三俟齋
年二十八柏廬年二十三貫時生年雖無可攷然詩在柏廬前當長於
柏廬數歲矣此為徐朱被家難後第一次會合俟齋詩云靈均仍楚
官魯連甘秦坑二語分指其父文靖及朱節孝先生又云胡為余小子身
重髮膚輕則自謂乙酉冬在松陵被獲髡首事也頃上虞羅叔言參
事作俟齋先生年譜始及俟齋與貫時參辰之事觀於順治戊戌俟
齋大病瀕死貫時乃不聞問則參事之言殊信此卷前於戊戌者十年
貫時尚至山中則其兄弟參池當在數年以後矣庚申夏五後學海甯
王國維敬觀并記

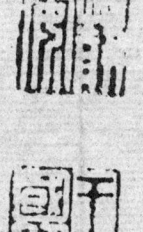

吾鄉藏書國初若查安山得樹樓爲寒中道古樓散佚最登乾嘉以後首數陳氏士鄉
堂吳氏拜經樓陳氏之書自簡莊先生歿後即已星散惟吳氏藏書則槎客先生之子虞臣壽暘
及孫鱸鄉之淵兩茂才能世守之故訖道光之季尚巋然獨存咸豐以後乃始流出余所見拜經遺書世
多有之惟吾友烏程蔣孟蘋學部所收爲最多且有出拜經樓藏書題跋記所錄外者此圖亦
孟蘋所藏以余爲槎翁鄉後輩特寄京師屬余題識余謂孟蘋藏書之富術視拜經而
有子敦孫嗜書之篤与鑒書之精与若翁同亦蔣氏之虞臣鱸鄉也孟蘋既有樂庵寫書寿
圖何不更繪藏書圖以示後人無令此圖獨有千古也乙丑正月晦觀堂王國維記於京師
履道坊北之寓廬

漫乙盦黄甲戴錢北江戲語費衡銓世間儘有洪崖骨不遇金丹不得仙　朝訪殘碑夕勘書君家故事有新圖衣冠全盛江南日儒史風流總不如　前有隨軒後隨庵二徐焜燿天東南海濱投老得至業石墨琅書共一龕

俚句奉題

積餘先生隨庵勘書圖即請　正之　丁巳季冬　國維

沈乙盦尚書七十壽言

我朝三百年間學術三變國初一變也乾嘉一變也道咸以降一變也順康之世天造草昧學者率勝國遺老離喪亂之後志在經世故多為致用之學求之經史得其本原一掃明代苟且破碎之習而實學以興雍乾以後紀綱既張天下大定士大夫得肆意稽古不復視為經世之具而經史小學專門之業興焉道咸以降塗轍稍變言經者主今文攻史者兼遼金元治地理者逮四裔務為前人所不為雖承乾嘉專門之學然亦逆睹時變有國初諸老經世之志故國初之學大乾嘉之學精道咸以降之學新竊於其間得開創者三人焉曰崑山顧先生曰婺源戴先生曰嘉定錢先生國初之學創於亭林乾嘉之學創於東原竹汀道咸以降之學其開創者仍當於乾嘉間求之始闢不論亭林之學經世之學也以經世為體以經史為用東原竹汀之學經史之學也以經史為體而其所得往往裨於經世蓋一為開國時之學一為全盛時之學其塗術不同亦時勢使之然也道咸以降學者尚承乾嘉之風然其時政治風俗已漸變於昔國勢亦稍稍不振士大夫有憂之而不知所出乃或託於先秦西漢之學以圖變革一切然頗不循國初及乾嘉諸老之成法其所陳夫古者不必盡如古人之真其所以切今者亦未必適中當世之弊其言可以情感而不能盡以理究如龔璱人

魏默深之儔其學在道咸後雖不逮國初及乾嘉二派之盛
然為此二派之所不能攝其逸而出此者亦時勢使之然也今
者時勢又劇變矣學術之必變蓋不待言世之言學者輒倀倀無
所歸顧莫不推嘉興　沈先生以為亭林竹汀東原之儔也
先生少年固已盡通國初及乾嘉諸家之說中年治遼金元三
史治四裔地理又為道咸以降之學然一秉先正成法無或踰
越其於人心世道之隆污政事之利病必窮其源委似國初諸
老其視經史為獨立之學而益探其奧窔拓其區宇不讓乾嘉
諸先生至於綜攬百家旁及二氏一以治經史之法治之則又
為國朝學者所未及若夫緬想在昔達觀時變有先知之哲有
不可解之情知天而不任天遺世而不能忘世如古聖哲之所
感者則僅以其一二託於歌詩發為口說言之不能以詳世可
得而窺見者其為學之方法而已夫學問之品類不同而其方
法惟一國初諸老用此以治經世之學乾嘉諸老用之以治經
史之學　先生復廣之以治一切諸學趣博而旨約識高而議平
其憂世之深有過於龔魏而擇術之慎不後於戴錢學者得其
片言具其一體猶足以名一家立一說其所以繼承前哲者以
此所以開創來學者亦以此使後之學術變而不失其正鵠者
其必由　先生之道矣竊嘗聞之國家與學術為存亡天而未
厭中國也必不亡其學術天不欲亡中國之學術則於學術所

寄之人必因而篤之世變愈亟則所以篤之者愈眞至使伏生浮
丘伯輩天不畀以期頤之壽則詩書絕於秦火矣既驗於古必
有驗於今其在詩曰樂只君子邦家之基樂只君子萬壽無期
又曰樂只君子邦家之光樂只君子萬壽無疆若 先生者非
所謂學術所寄者歟非所謂邦家之基邦家之光者歟己未二
月 先生年七十因書先生之學所以繼往開來者以壽
先生所使世人知 先生自茲以往康彊壽考永永無疆者固
可由天之不亡中國學術卜之矣
歲在敦牂協洽春王二月元和孫德謙海寧王國維同頓首拜
祝國維撰德謙書

樂庵居士五十壽序

余與樂庵居士生同歲同籍浙西宣統之初又同官學部頗未嘗相知也辛亥後余居日本始聞人言今日江左藏書有三大家則劉翰怡京卿張石銘觀察與居士也丙辰之春余歸海上始識居士居士亢爽有肝膽重友朋其嗜書蓋天性也余有意乎其為人遂與定交由是得盡覽其書居士獲一善本未嘗不以詒余高有疑義未嘗不與余相商度也余家無書輒假諸居士雖宋槧明鈔走一力取之俄頃而至癸亥春居士編其藏書目既成又為余校刊觀堂集林未就而余奉入直　南齋之命居士頗尼余行余甚感居士意而義不可辭遂夙駕北上踰年而遭甲子十月十日之變自冬徂春艱難困辱僅而不死而居士亦以貿遷折閱至乙丙間遂亡其書余在海上時視居士之書猶外府也聞其書亡為之不怡者累日顧苦無詞以慰居士歲六月居士之子叔孫貽余書曰家君今年五十矣近頗寥落丈盍作詩以寬之余癈詩久無以塞叔孫意因念叔孫年頗甫踰冠濡染家學嗜書不亞於居士其於舊槧若南北宋之別

浙本建本之異同一見即能辨之又嗜古器物具所私蓄若唐鏤牙尺若
金元鈔板皆宇內絕品以余所見南北名家之子弟有出其家藏孤本以營
一差闕者有鬻其家宋槧書而月置數妾者蓋今觀於穀孫而知所以壽
居士之道矣蓋往而必復者天之道也因而後作者人之情也自宋以來吾浙
藏書家以湖州為最盛然其聚散亦屢矣居士之先世亦曾亡其書矣居士勤、蒐
討二十年間蔚為大家有光前人故余曩為居士作傳書堂記謂石林直齋之書
久為煨燼而今有張劉諸家茹古精舍求是齋之書十不存一而今有居士益一
鄉一家之遺澤雖百世而未有艾也今居士之書雖亡而嗜書之心未衰又嗜
書之人繼居士而起者固已嶄然見頭角矣然則居士他日之所獲安知不倍
蓰於今之所亡如密韻樓之於茹古精舍者乎爰書是以壽居士並以為之券
居士聞是言其莞尓而盡一觴乎 天貺節愚弟海甯王國維書

張母桂太夫人真贊

洪範九疇五皇極曰適好德錫之福吾黨
張仲最孝友有母八旬仁者壽、富康寍
五福偕芝蘭玉樹羅庭階應身解化亦
偶然歸處應是兜率天

壬戌四月海甯王國維

眼中天女定誰渠，相對薰修當佛廬。我亦前身是秋月，夜來指月也如如。扁舟記涉大江濱，園廬歷歷入畫新。那有秋風搖落感，白頭猶是合歡人。誰家夫壻已高城，步屧邯鄲浪得名。重數慧山泉水好，在山清又出山清。三春三月二初三，試傳深閨一哄堪。為留當年女公子，挑燈又欲話江南。石溪添得讀書聲，何處新啼出谷鶯。一語分明須記取，山妻喚作女門生。頭銜合署校書郎，小印紅鈐助古香。從此流傳增寶惜，美人親手為評量。海棠開後到西泠，踏遍孤山一片心。不怕夜深花睡去，臨郎吟罷讀郎吟。廢學多應為多遊，翻郎到處莫句留。三齡驕女同呼母，贅遍丰兒字阿奏。「未歸何必早三年，我只憐勝自憐。莫道簪花太多事，散花天上是前緣」。久將奇字傲揚雄，別草元經細化工。富貴神仙等閒事，最難知己在閨中。「同讀最好是西湖，五股魚羹膾鱸鱸。詩骨寒儂料得否，大家搖艇入菰蘆」。年來栽却誤鄰家，禪榻高眠榜自誇。底事為君添綺語，廣平值得賦梅花。

簪花閣十首為嚴修能擬人秋月作也。

此同里宋茗香助教大樽為其老友嚴修能先生作，不收入集古集及牧牛邨舍外集，殆刪汰之詩，其姪孫湘曉穎才見畀，後裝潢識。

此原稿為增樓黃氏所藏，予獲于海上，靜安先生見而愛之，即以奉貽先生，復錄原詩寄予，以結墨緣。虞琴識